国学

第二册

《弟子规》(下)

主编 ◎ 傅建明

北京大学出版社

图书在版编目(CIP)数据

国学.第2册/傅建明主编.—北京：北京大学出版社，2015.8
ISBN 978-7-301-25956-6

Ⅰ.①国… Ⅱ.①傅… Ⅲ.①中华文化－小学－教材 Ⅳ.①G624.201

中国版本图书馆CIP数据核字(2015)第132276号

书　　名	GUOXUE 国学（第二册）
著作责任者	傅建明　主编
策划编辑	姚成龙　陈斌惠　李　玥
责任编辑	李　玥
绘　　图	王　莹　胡　雯
标准书号	ISBN 978-7-301-25956-6
出版发行	北京大学出版社
地　　址	北京市海淀区成府路205号　100871
网　　址	http://www.pup.cn　　新浪微博：@北京大学出版社
电子信箱	zyjy@pup.cn
电　　话	邮购部62752015　发行部62750672　编辑部62765126
印刷者	北京中科印刷有限公司
经销者	新华书店
	787毫米×1092毫米　16开本　6印张　82千字
	2015年8月第1版　2015年8月第1次印刷
定　　价	33.00元（配光盘）

未经许可，不得以任何方式复制或抄袭本书之部分或全部内容。
版权所有，侵权必究
举报电话：010-62752024　电子信箱：fd@pup.pku.edu.cn
图书如有印装质量问题，请与出版部联系，电话：010-62756370

本书编委会

学术顾问：楼宇烈　李学勤
艺术顾问：魏　哲
丛书主编：傅建明
丛书副主编：周华青　虞伟庚　石学斌

本册主编：雷　平
编写人员：贾洪华　孙　斌　张小兵　尉俊傑
　　　　　　盛婉彬　蒋知真　高　蕾　傅必强
　　　　　　叶文燕　姚慧超　林美英

mù lù
目 录

zhì xiǎo péng yǒu
致小朋友 …………………………… 1

dì yī dān yuán　　xìn
第一单元　信 …………………… 3

　　dì yī kè　　fán chū yán
　　第一课　凡出言 ……………… 4

　　dì èr kè　　jiàn wèi zhēn
　　第二课　见未真 ……………… 10

　　dì sān kè　　jiàn rén shàn
　　第三课　见人善 ……………… 15

　　dì sì kè　　wéi dé xué
　　第四课　惟德学 ……………… 20

　　dì wǔ kè　　wú xīn fēi
　　第五课　无心非 ……………… 26

dì èr dān yuán　　fàn ài zhòng
第二单元　泛爱众 ……………… 33

　　dì liù kè　　fán shì rén
　　第六课　凡是人 ……………… 34

　　dì qī kè　　jǐ yǒu néng
　　第七课　己有能 ……………… 41

　　dì bā kè　　rén yǒu duǎn
　　第八课　人有短 ……………… 45

第九课　凡取与 …………………… 50

第十课　恩欲报 …………………… 55

第三单元　亲仁 …………………… 61

第十一课　同是人 …………………… 62

第四单元　余力学文 …………………… 67

第十二课　不力行 …………………… 68

第十三课　读书法 …………………… 73

第十四课　房室清 …………………… 78

第十五课　非圣书 …………………… 83

后　记 …………………… 89

致小朋友

小朋友，欢迎进入《弟子规（下册）》的学习。《弟子规（下册）》的学习内容分"信""泛爱众""亲仁"和"余力学文"四个单元，共十五课。

打开每一课，小朋友将在孔老师的引导下，认真朗读和学习"课文""注释"和"译文"，之后继续跟随孔老师，在蒙蒙和正正的陪伴下学习课后的四大板块"字词解码""理解阶梯""熟读成诵"和"博学广闻"。如果邀请爸爸妈妈和你一起学习，学习就会变得更加快乐！

相信小朋友，在 的带领下和 、 的陪伴下，通过自己的努力，一定能解读字词密码，领略祖国文字的神奇；理解内容奥秘，懂得诚信爱众、亲仁学文；掌握诵读方法，牢记课文内容；乐享趣味故事。

1

我们将在孔老师的引领下与蒙蒙、正正小朋友一起学习《国学》。

孔老师：与圣人孔子同姓，满肚子学问的和蔼老人。

蒙蒙：取"童蒙养正"的"蒙"字而得名，喜欢卖萌的可爱女生。

正正：取"童蒙养正"的"正"字而得名，善于发现的机灵男生。

小朋友，亲近国学，沐浴经典，领略中华传统文化的魅力，我们一起努力！

第一单元 信

曾参守约杀猪、商鞅立木为信、季布一诺千金……他们都是有"信"之人,所以备受世人尊敬,名扬天下。这个单元,我们将学做有"信"之人。让我们读准课文,牢记心间,努力做个生活中的有"信"之人。

第一课　凡出言

有"信"之人是怎样说话的？读了下面的课文，你就知道啦！

凡出言，信①为先，诈②与妄③，奚④可焉⑤！

话说多，不如少，惟⑥其是，勿佞巧⑦。

刻薄语，秽污词，市井气，切戒之。

〔清〕任颐《竹林七贤》

注　释

①信：言语真实，诚实。②诈：欺骗。③妄：没根据、没道理的话。④奚：怎么，哪里。⑤焉：语气词。⑥惟：只有。⑦佞巧：投人所好的甜言蜜语。

译　文

开口说话，诚信为先，答应别人的一定要做到。没能力做到的不要随便答应，欺骗或花言巧语的事更不能做！话多不如话少，话少不如话好。说话要恰到好处，实事求是，不要花言巧语。尖酸刻薄、下流肮脏的话语不能说，街头粗俗的习气一定要改掉。

字词解码

这一课告诉我们讲话要"诚信"，有些话不能说。

我知道：欺骗胡说的话不能说，花言巧语不要说。

尖酸刻薄的话、下流肮脏的话也不要说。

请在下面对应的字和字义之间连线。

1. 诈 (zhà)　　　　　A. 花言巧语 (huā yán qiǎo yǔ)

2. 妄 (wàng)　　　　B. 尖酸刻薄 (jiān suān kè bó)

3. 佞巧 (nìng qiǎo)　　C. 欺骗 (qī piàn)

4. 刻薄 (kè bó)　　　D. 胡说 (hú shuō)

5. 秽污 (huì wū)　　　E. 粗俗 (cū sú)

6. 市井 (shì jǐng)　　　F. 肮脏下流 (āng zāng xià liú)

理解阶梯

以前的人，非常重视自己说的话，每一次说话之前，都会"三思"。

我知道，"三思"是指：思考这句话可不可以说，该不该说，说了之后有没有办法做到。

所以每一次说话，我们都要考虑清楚了再说，"三思而后行"，这样才能说到做到。

熟读成诵

一朵，两朵，三朵……我能采到（　　）朵小蘑菇。

① 我能读准这些字：

诈、妄、奚、焉、惟、佞、秽、戒

② 我能读准这些词：

佞巧、秽污、市井

③ 我能读准这些句子：

诈与妄，奚可焉！惟其是，勿佞巧。刻薄语，秽污词。

④ 我能读准这篇课文。

博学广闻

口蜜腹剑

李林甫,唐玄宗时官居"兵部尚书"兼"中书令",高居宰相的职位。此人能书善画,但他忌才害人,不择手段地排斥和打击那些比他出色的人。

李林甫和人接触时,表面上总是露出一副和蔼可亲的样子,嘴里尽说些动听的"善意"话,但实际上他非常阴险、狡猾,常常暗中害人。有一次,他装做诚恳的样子对大臣李适之说:"华山出产大量黄金,可大

〔五代〕顾闳中《韩熙载夜宴图》(局部)

大增加国家的财富。可惜皇上还不知道。"李适之连忙跑去建议唐玄宗快点开采黄金。唐玄宗一听很高兴，立刻把李林甫找来商议，李林甫却说："这件事我早知道了，华山是帝王'风水'集中的地方，怎么可以随便开采呢？别人劝您开采，恐怕是不怀好意；我几次想把这件事告诉您，只是不敢开口。"

唐玄宗被他这番话所打动，认为他真是一位忠君爱国的臣子，反而对李适之很不满意，逐渐将他疏远了。

司马光在编《资治通鉴》时评价李林甫，指出他是个口_____腹_____的人。

〔明〕归昌世《自问心如何》

第二课　见未真

做一个有信用的人，应该如何说话、如何行事？下面我们一起来看看古人是怎么说的。

见未真，勿轻言，知未的①，勿轻传。

事非宜②，勿轻诺③，苟④轻诺，进退错。

凡道⑤字，重⑥且舒⑦，勿急疾，勿模糊。

彼说长，此说短，不关己，莫闲管。

〔明〕沈周《沧州趣图卷》（局部）

注　释

①的：的确，确实。②宜：合适，适宜。③诺：许诺。④苟：假如。⑤道：说话。⑥重：声音洪亮。⑦舒：流畅。

译　文

未看到真相前，不轻易发表意见，对事情不够了解时，不轻易传播。不合义理的事不轻易许诺，否则会进退两难。说话咬字要准、声音要洪亮，说得要流利，慢慢说，不能太快或模糊。听到别人议论是非，自己要理智判断。

字词解码

"诺"写作"䛿"＝"言"（言，诉求）+"若"（若，与……相一致），表示与对方的要求一样。

"诺"表示接受、顺从，愿意按照对方的诉求去做某事。

所以，我们答应别人的事就要做到，否则不要许诺、承诺。俗话说得好："一诺重于千金呐！"

理解阶梯

凡道字，_____。横线处应该填什么？请选出正确的选项，并在方框中打"√"。

☐ 勿急疾　　☐ 重且舒　　☐ 勿模糊

☐ 声音响　　☐ 说准确　　☐ 意思明

☐ 有节奏　　☐ 有感情　　☐ 有礼貌

"说话是一门艺术"，你掌握了这些说话的诀窍，你也成为小艺术家啦！

熟读成诵

一朵，两朵，三朵……我能采到（　　）朵小蘑菇。

① 我能读准这些字：

的、传、诺、苟、舒、模、彼、莫

② 我能读准这些词：

轻言、轻传、轻诺、模糊

③ 我能读准这些句子：

知未的，勿轻传。苟轻诺，进退错。

凡道字，重且舒，勿急疾，勿模糊。

④ 我能读准这篇课文。

博学广闻

丁家的井

春秋时期宋国的丁家由于庭院里没有井，于是丁家的人只能出门打水。后来，他家院子里打了一口井，这家人就告诉外人说："我家打井后就如同得到了一个人。"

听到了这话的人互相转告说:"丁家人打井,挖出来了一个人。"渐渐地,国人都在讨论这件事。宋国的国君听说了,派人去问丁家的人。丁家的人回答说:"我们的意思是说得到了像一个人那么多的劳力,不是说从井里挖出了一个人啊。"

看来,从别人那里听来的话,我们要经过自己的理智判断:"见未真,＿＿＿＿,知未的,＿＿＿＿。"

〔近代〕吴昌硕《田园风物图卷》(局部)

第三课　见人善

你瞧，有"信"之人是这样向别人学习的，这些真是好方法！赶快学学吧！

见人善，即思齐①，纵②去远，以渐跻③。

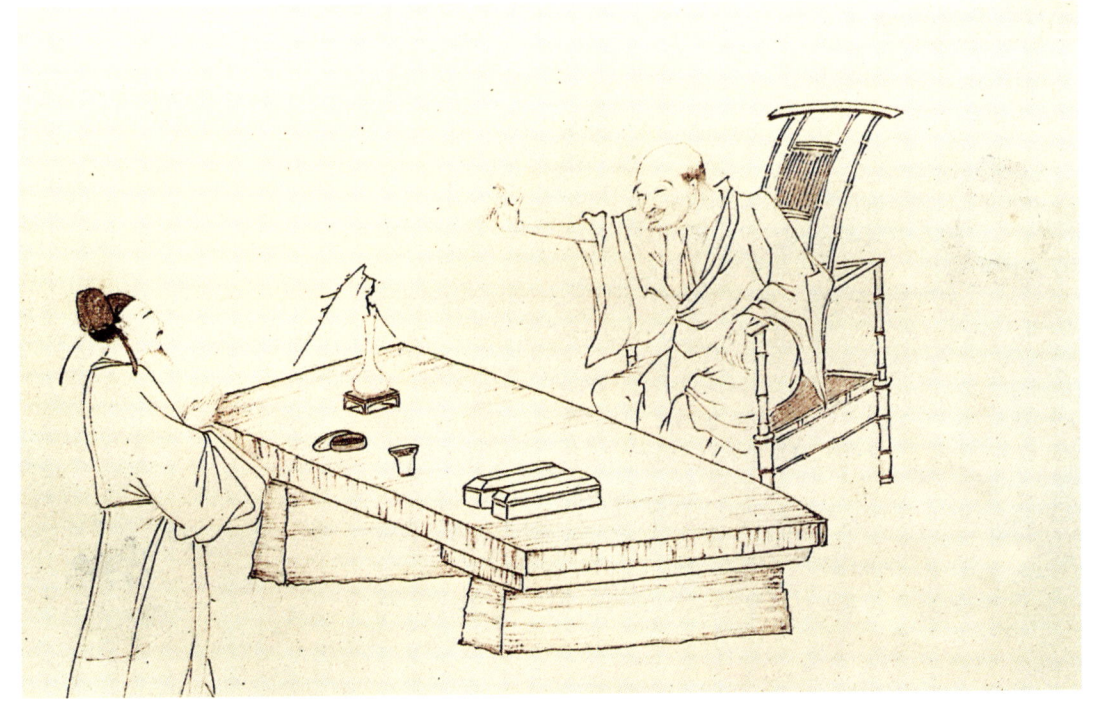

见人恶，即内省④，有则改，无加警。

[现代] 溥心畬《李翱问道》

注释

①齐：与……看齐。②纵：即使。③跻：上升。④省：反思自己的情况。

译文

看到别人的优点要立刻向他看齐，即使目前与他相差很多，也要下定决心，尽快赶上！看到别人的缺点要自我反省：如果自己也有，就要改掉；如果没有，就加强警惕。

字词解码

"纵去远"中的"去"的意思和"来去"的"去"意思相同吗？

好像不一样！"来去"的"去"的意思是到别的地方去。"纵去远"的"去"是什么意思呢？

> 我知道了。"纵去远"的"去"的意思是距离、相差。"纵去远"的意思就是即使相差得很远。

理解阶梯

> 有"信"的孩子，如果遇到下面的情况，会怎么做？你怎么想的？写在横线上。

1. 小强是班里的跑步高手，我也想跑得像他一样快。

   看到他的情况，我会_____。

2. 小力做完家庭作业后没有整理书包，第二天忘带家庭作业了。

   看到他的情况，我会_____。

3. 小华不挑食，每次吃饭都吃得干干净净，所以他长得又高又壮，很健康。

   看到他的情况，我会_____。

熟读成诵

通过上节课的学习，我们知道了"凡道字，重且舒，勿急疾，勿模糊"。现在，我能采到（　　）朵大蘑菇。

① 我会读得"准确"。

② 我会读得"重且舒"。

③ 我会注意"勿急疾"。

④ 我会注意"勿模糊"。

博学广闻

三人行

孔子说："三人行，必有我师焉；择其善者而从之，其不善者而改之。"这里的"三人"不是真的指三个人，而是泛指多个人。许多人一起同行，每个人都有各自的优缺点，是我们学习和改正的对象，故都可以做我们的老师。

看到别人的优点，我们要向他学习，看到别人的缺点，我们要警惕自己不能跟他犯一样的错。所以我们看到别人犯错的时候，要赶快反省自己，想想自己是不是也有这样的错误。

〔当代〕魏哲书法作品

读了"三人行"，你想到了什么？赶快和你的爸爸妈妈说说吧。

第四课　惟德学

如何才能交到真心朋友？请你听听古人的意见吧！

惟①德学，惟才艺，不如人，当自砺②。

若③衣服，若饮食，不如人，勿生戚④。

〔清〕郎世宁《弘历观荷抚琴图》（局部）

闻过⑤怒，闻誉⑥乐，损友来，益友却⑦。
闻誉恐，闻过欣，直谅士，渐相亲⑧。

注释

①惟：只有。②砺：磨刀石，引申为"磨炼"。③若：至于。④戚：忧愁，忧伤。⑤过：错误，过失。⑥誉：称颂，赞美。⑦却：拒绝，后退。⑧亲：亲近。

译文

只有当道德学问和才艺不如他人时，才应当自我督促努力赶上。至于衣服和饮食不如他人时，可以不用郁闷和忧伤。听见别人说你的过错就生气，称赞你就高兴，这样，不好的朋友就会越来越多，真诚有益的朋友反而会渐渐疏远你。如果听到别人称赞先自我反省，生怕自己没有这些优点，只是空有虚名，听到有人赞扬自己就内心不安，听到有人指出自己的过错就非常高兴，那么正直诚信、懂得宽容的朋友就会越来越亲近你。

字词解码

蒙蒙,你看看,这是什么?

不就是一块石头吗?

这可不是一块普通的石头!这可是一个字啊!

一个字?石头怎么会是一个字呢?

这就是"砺"字。"砺"字的原本意思就是粗石,可用作磨刀石或石磨,渐渐地,人们根据本义衍生出了"砺"字的引申义——钻研、磨炼。许多汉字都有本义和引申义,小朋友,你们知道吗?

汉字真神奇!那我可要去找一找!

理解阶梯

小朋友，请判断以下几句话，做得对的打"√"，错的打"×"。

1. 宋涛的语文真厉害，能背诵十五首古诗了。我一定要加把劲儿，争取也多背几首！（　　）

2. 小艺的成绩好又有什么可羡慕的，我可有一件很漂亮的裙子。（　　）

3. 小亮说我不该乱扔垃圾，他以为他是老师吗？不和他玩了。（　　）

4. 丹丹提醒我要把饭菜吃干净，她真是个爱惜粮食的小朋友，我要向她学习。（　　）

5. 甜甜的字写得真漂亮，兰兰的画儿画得真好看，我应该多向她们请教学习。（　　）

熟读成诵

你能摘到几颗小樱桃？你达到了哪个要求，就为那颗小樱桃涂上颜色吧！

读正确　　读流利　　会背诵

博学广闻

寡人无疾

扁鹊进见蔡桓公，在他的面前站着看了一会儿，扁鹊说："您有小病在皮肤的纹理中，不医治恐怕要加重。"蔡桓公说："我没有病。"扁鹊退出以后，蔡桓公说："医生喜欢给没有病的人治病，把治好'病'作为自己的功劳！"过了十天，扁鹊又进见蔡桓公，说："您的病在肌肉和皮肤里面了，不及时医治将要更加严重。"蔡桓公又不理睬。扁鹊退出后，蔡桓公又不高兴。又过了十天，扁鹊又进见蔡桓公，说："您的病在肠胃里了，不及时治疗将要更加严重。"蔡桓公又没有理睬。扁鹊退出后，蔡桓公又不高兴。又过了十天，扁鹊远远地看见蔡桓公就转身跑了。蔡桓公特意派人问扁鹊为什么转身就跑，扁鹊说："小病在皮肤的纹理中，是汤熨的力量能达到的部位；病在肌肉和皮肤里面，是针灸的力量能达到的部位；病在肠胃里，是火剂汤的力量能达到的部位；病在骨髓里，那是司命管辖的部位，医药已经没有办法了。现在病在骨髓里面，我因此不问了。"又过了五天，蔡桓公身体疼痛，派人寻找扁鹊，扁鹊已经逃到秦国了。几天后蔡桓公就病死了。

〔宋〕佚名《杂剧卖眼药图》

我们常用一个成语来形容故事中生病却不愿接受医治的蔡桓公，你知道是哪个成语吗？快和爸爸妈妈讨论讨论吧！

第五课　无心非

小朋友，做错了事，你会怎么做呢？这篇课文会告诉你答案！

无心非①，名为错，有心非，名为恶②。过能改，归③于无，倘④掩饰，增一辜⑤。

〔元〕黄公望《富春山居图》（局部）

注释

①非：不对，错误。②恶：罪过，罪恶，与"善"相对。③归：归向，趋向。④倘：假若。⑤辜：罪过。

译文

不是故意做错的事，称为过错；若是明知故犯，便是"罪恶"。不小心犯了错，能勇于改正就会越改越少，渐渐趋向于无过，如果故意掩盖过错，那反而又增加一项掩饰的罪过了。

字词解码

正正，你知道汉字有哪几种造字法吗？

我在课外书中看到过，有象形、指事、会意、形声四种方法。

你真是个博学的孩子！形声字是最常见的，现在我们使用的汉字百分之八十以上都是形声字。

理解阶梯

聪明的小朋友，快把意思相同的两句话连连线吧！

1. 无心非　　　　　A. 增加一项掩饰的罪过
2. 名为恶　　　　　B. 不是故意做错的事
3. 归于无　　　　　C. 称为"罪恶"
4. 增一辜　　　　　D. 趋向于无过

很多名人都曾说到该如何对待错误，让我们来读一读，记一记吧！

1. 人谁无过，过而能改，善莫大焉。——孔子
2. 凡百事之成也，在敬之；其败也，必在慢之。——司马光
3. 夜觉晓非，今悔昨失。——颜之推

熟读成诵

小朋友，还记得表示朗读停顿的符号是什么吗？请你用停顿符号为下列句子标出正确的朗读节奏吧！

无心非，名为错，有心非，名为恶。

你能读出正确的停顿吗？你能流利地背诵全文吗？给自己打打分，看看你能收获几个苹果吧！

标出停顿　　　读出停顿　　　流利背诵

29

博学广闻

割发代首

曹操的军队军纪严明。军队的官兵在经过麦田时，都下马用手扶着麦秆，小心地迈过麦子，没一个敢践踏麦子的。老百姓看见了，没有不称颂的。

有一天，曹操骑马走在路上，忽然，田野里飞起一只鸟儿，惊吓了他的马。他的马一下子蹿入田地，踏坏了一片麦田。曹操立即叫来随行的官员，让他们来治自己践踏麦田的罪行。官员说："怎么能给丞相治罪呢？"曹操说："我亲口说的话都不遵守，谁还会心甘情愿地遵守呢？一个不守信用的人，怎么能统领成千上万的士兵呢？"随即抽出腰间的佩剑要自刎，众人连忙拦住。这时，大臣郭嘉走上前说："古书《春秋》上说，法不加于尊。丞相统领大军，重任在身，怎么能自杀呢？"曹操沉思了好久说："既然古书《春秋》上有'法不加于尊'的说法，我又肩负着天子交给我的重要任务，那就暂且免去一死吧。但是，我犯了错误也应该受罚。"于是，他就用剑割断自己的头发，说："那么，我就割掉头发代替我的头吧。"曹操又派人传令三军：丞相践踏麦田，本该斩首示众，因为肩负重任，所以割掉头发替罪。

［清］钱慧安《后游赤壁》

剪头发是件很正常的事，可是，古代人认为：头发是从父母那里继承来的，随便剪掉不仅大逆不道，而且还是不孝的表现。曹操作为封建社会的政治家，能够割发代首，严于律己，实属难能可贵。

小朋友，你做错过什么事吗？你知道爸爸妈妈做错过什么事吗？坦承做错的事情，相互交流一下各自的"小秘密"吧！相信你们都会在错误中成长的！

〔清〕蒋廷锡《故宫鸟谱之白靛颏》

第二单元　泛爱众

我们住在一个地球村，都是社会的一员。人与人之间要以爱心为纽带，学会关心他人，与人为善，独乐乐不如众乐乐。通过这个单元的学习，我们会明白，要想拥有真正的幸福快乐，就要学会与他人分享，在为自己考虑的同时也要兼顾到他人。

第六课　凡是人

怎样的人才能受到别人的尊重呢？读了课文，你就一定会明白的。

凡是人，皆①须爱，天同覆②，地同载③。

行④高者，名自高，人所重⑤，非貌高。

才大者，望⑥自大，人所服⑦，非言大。

〔宋〕刘松年《听琴图》

注释

①皆：全，都，所有。②覆：覆盖，引申为"滋养"。③载：承载，养育。④行：德行，品行。⑤重：重视，敬重。⑥望：声望，名望。⑦服：佩服，信服。

译文

这世上所有的人，我们都应该去关心和爱护，因为我们共同生活在同一片蓝天之下，大地之上。品行高尚的人，名声自然高，人们所敬重的，并不是他出众的外貌。有才能的人，声望自然大，人们所信服的，并不是他所说的大话。

字词解码

蒙蒙，看到"服"这个字，你最先会想到什么词？

当然是"衣服"！

是的,"服"字一般用作名词,比如衣服、校服。但在课文中它的意思是"信服",你知道这个词变成了什么词性吗?

它变成了一个动词。

名词用作动词,我们称这种现象为"词类活用"!

理解阶梯

以下言行,正确的有_____。

1. 赵艺看到乞讨者,掩鼻避开,快步走过。

2. 秦林看到一位衣着朴素的工人,心想:他穿的衣服这么普通,肯定没什么本事。

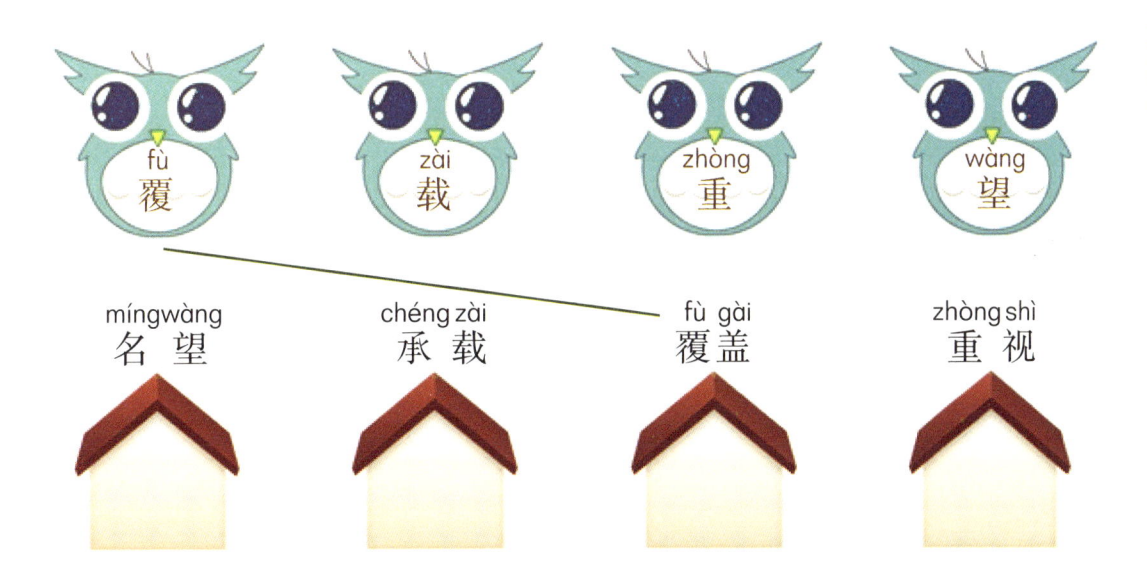

3. 讲座的主讲人是一位其貌不扬的小个子男生，李丹心想：虽然他长得并不好看，但是他的确很有才华，我很敬佩他。

4. 看到别人参加比赛赢得了一座水晶奖杯，王芳说："这有什么了不起，我可以买一千只水晶奖杯。"

> 为迷路的猫头鹰找找回家的路吧！

fù	zài	zhòng	wàng
覆	载	重	望

míng wàng	chéng zài	fù gài	zhòng shì
名望	承载	覆盖	重视

熟读成诵

> 小朋友，请你用停顿符号为下列句子标出正确的朗读节奏吧！

行高者，名自高，人所重，非貌高。

才大者，望自大，人所服，非言大。

> 小朋友，你能读出正确的停顿吗？你能流利地背诵全文吗？给自己打打分，看看你能收获几个苹果？

标出停顿　　　读出停顿　　　流利背诵

博学广闻

丑王后钟离春

钟离春是战国时期齐国无盐县人，相传她非常丑。丑到何种程度？书上记载她额头、双眼均下凹，上下比例失调，鼻孔向上翻翘，脖子上长了一个比男人还要大的喉结，头颅硕大，又没有几根头发，皮肤黑得像炭。钟离春长了一副让人吃惊的模样，但她志向远大。当时执政的齐宣王，政治腐败，国事昏庸，而且性情暴躁，喜欢听吹捧的话，谁要是说了他的坏话，就会有灾祸降到头上。但钟离春为拯救国民，冒着杀头的危险，赶到国都，齐宣王见到了钟离春，还以为是怪物来临。

汉画像石《夫妻相守图》

当钟离春一条一条地陈述了齐宣王的劣迹，并指出如再不悬崖勒马，将会城破国亡。齐宣王大为感动，把钟离春当成是自己的一面宝镜，把她立为了王后。

> 天生的缺陷不能阻挡后天发展的脚步，只要向着目标不断努力，终会有成功的一天。

〔近代〕吴昌硕《金石墨缘》

第七课　己有能

"喜新厌旧"这个成语就藏在课文中。读一读，用笔画出藏有这个成语的句子。

己有能①，勿自私，人所能，勿轻訾②。
勿谄③富，勿骄④贫，勿厌故⑤，勿喜新。
人不闲，勿事搅，人不安⑥，勿话扰。

〔明〕沈周《京江送远图》（局部）

41

注释

①能：才能，能力。②訾：诋毁，指责。③谄：奉承，巴结。④骄：轻视，怠慢。⑤故：故旧，老朋友。⑥安：平静，稳定。

译文

自己有能力，不自私保守；别人有能力，不因此嫉妒而随意贬低。不去讨好、巴结富有的人，也不轻视、怠慢贫穷的人；不厌恶、嫌弃老朋友，也不一味喜爱新朋友。别人有事，没有空暇，就不打扰；别人内心不平静，不用闲言碎语去干扰。

字词解码

课文中藏着反义词，找出"富""厌""新"这三个词的反义词，并把它们写下来。

富：　　　　　　厌：　　　　　　新：

理解阶梯

哪些行为是可以做的？在相应的括号里画"☺"。

（　）主动教同学做题。

（　）同桌在认真做作业，不随意打搅。

（　）只顾着和新朋友玩，把老朋友忘在一边。

（　）不刻意讨好、奉承有钱人。

（　）看到同学受到老师表扬，心里很不服气。

熟读成诵

我能把下面的字读正确，你呢？

訾　谄　骄　贫　厌　搅　安　扰

你读（　）遍能把课文读得很流利呢？来试试吧。

43

博学广闻

欧阳修荐才

北宋大文学家欧阳修有著名的散文如《醉翁亭记》等流传千古。他不仅文采飞扬,还是一位光明磊落、胸怀坦荡、不计个人恩怨的正人君子。他在朝中担任重要职务时向皇帝推荐过三位可以担任宰相的人选,他们分别是:吕公著、司马光和王安石。令人不解的是,这三个人都与欧阳修有过不愉快的经历:吕公著曾积极倡议把欧阳修贬到滁州;司马光与欧阳修长期政见不合;而王安石则非常自负,根本不把欧阳修放在眼里,甚至连欧阳修对自己的赞誉也不接受。可是欧阳修不但没有对他们加以报复,反而建议提升他们的官职。他宽大为怀的品德深受世人的称赞。

〔明〕仇英《醉翁亭图》(局部)

第八课　人有短

小朋友，每个人都有自己的强项与缺陷。如何正确看待他人的优缺点呢？听听古人的建议吧！

人有短①，切莫揭，人有私②，切莫说③。

道人善，即是善，人知之，愈思勉④。

扬人恶，即是恶，疾之甚，祸且⑤作⑥。

善相劝，德皆建，过不规⑦，道两亏⑧。

〔清〕吴谷祥《听松图》

注 释

①短：缺点，短处。②私：秘密的，不公开的事。③说：指宣扬。④勉：尽力，努力。⑤且：将要。⑥作：产生。⑦规：规劝。⑧亏：亏欠，缺少。

译 文

别人有缺点，一定不要当众揭露；别人的秘密，不能宣扬。赞美别人的好，是一种好的品行，因为对方听到你的赞美会勉励自己做得更好。宣扬别人的过失或缺点，是一种不好的品行，如果过分指责，还可能招来灾祸。与人交往，互勉行善，能共同建立良好的德行。彼此有过错互不规劝，双方品行都会留下缺陷。

字词解码

给下面的篆书找到正确的朋友，连一连。

恶 è

善 shàn

恶：形声字，篆书中为"亚"加"心"，"亚"表读音。其造字本义是罪、过错。

"恶"还是一个多音字，既可以读"ě""è"，又可以读"wù"。试着给下面的三种读音找到正确的朋友，连一连。

可恶　　　　　　è

恶心　　　　　　ě

恶狠狠　　　　　wù

理解阶梯

下面的做法对吗？选出对的，给星星涂上喜欢的颜色。

47

☆ 不有意去打听、窥探别人的隐私。

☆ 能发现别人的优点，真心赞美。

☆ 别人受到表扬，不服气，悄悄讲他的坏话。

☆ 别人做错事，合理地提醒他改正。

☆ 在公共场合议论别人的过错。

☆ 知道别人的秘密，不对外张扬。

> 读读记记：勿以恶小而为之，勿以善小而不为。

熟读成诵

> 我能把下面的字读正确，你呢？

揭　　愈　　勉　　恶

> 你读（　　）遍能把课文读得很流利呢？试试吧！

博学广闻

失信灭国

周武王灭商之后,谦虚恭敬地去拜访殷朝的遗老,请教殷朝灭亡的原因。长者就约他次日某时某地见面再相告。第二天,周武王带了周公一同去,过了好长时间,长者仍然没有出现。周公忽然明白了,就对周武王赞叹说:"这位长者真是个贤者啊!他过去的国君虽恶,他却不忍心说他的恶,就用自己约而失信的行动,来暗示我们:殷朝之所以灭亡,就是因为失信。"

〔清〕任薰《人物团扇》

殷朝灭亡的原因是( )。

周武王是怎么知道的?

第九课　凡取与

"取"和"与"的度要怎么把握？快去文中找一找吧。

凡取与，贵①分晓，与宜多，取宜少。

将②加人，先问己，己不欲③，即速已④。

〔明〕唐寅《守耕图卷》（局部）

注释

①贵：重要。 ②将：将要，即将。 ③欲：想要，希望。 ④已：停止。

译文

取用别人东西和给别人东西，重要的是轻重分明，给别人东西可以慷慨一点，取用别人东西则要少些。事情在施加到别人身上之前，先问问自己愿不愿意，如果自己都不愿意，则要立刻停止。

字词解码

"取"：耳朵，用手抓，表示手持割下的耳朵。古代战争中胜利者割下战败者的左耳朵作为计算战绩的依据。文中的"取"则是取用、拿的意思。下面分别是"取"的甲骨文、金文、篆书和隶书。

| 甲骨文 | 金文 | 篆书 | 隶书 |

我知道有很多提手旁的字都和手部动作有关。如：拎、提、拍、捉。我还知道（　　　　　）。

理解阶梯

"己所不欲，勿施于人"对应的是课文中的哪句话？（　　）

A. 将加人，先问己，己不欲，即速已。

B. 凡取与，贵分晓，与宜多，取宜少。

（　　）行为做到了"己所不欲，勿施于人"？

A. 一定要正在学习的同学陪自己玩游戏。

B. 收到假钱，知道了还拿着它去买东西。

C. 不把肥肉塞到讨厌吃肥肉的同学的碗里。

D. 不把自己的不良情绪发泄到其他人身上。

熟读成诵

> 我能把下面的句子读正确，你呢？

凡取与，贵分晓，与宜多，取宜少。

将加人，先问己，己不欲，即速已。

> 你读（　　）遍能把课文读得很流利呢？试试吧！

博学广闻

陈尧咨退马

陈尧咨家有一匹烈马，为驯服它，父亲受了几次伤，可那匹马依然既不让人骑，也不肯干活。陈尧咨觉得把它卖了更省心一些。一天早上，他悄悄把马牵到集市上卖了。

父亲醒来后发现马没有了，忙问是怎么回事。陈尧咨就把卖马的事告诉了父亲，父亲听了摇着头对他说："你明知那匹马爱伤人，又没什么用，怎么能把它卖给别人呢？我们自己不愿意要了而卖给别人是不对的。"

听了父亲的话，陈尧咨知道自己错了，他急忙到集市上找到买马的人，退了钱，把马牵了回来。

〔唐〕韦偃《百马图》（局部）

陈尧咨一开始的行为对吗？为什么？他最后是怎么做的？他是一个（　　　　）的人。

第十课 恩欲报

以（　）服人不一定有效，以（　）服人才能让人心悦诚服。

恩欲报，怨欲忘，报怨短，报恩长。
待婢①仆，身贵端②，虽贵端，慈③而宽。
势④服人，心不然⑤，理服人，方无言。

〔现代〕溥心畬《秋庭待客》（局部）

注释

①婢(bì)：旧指被有钱人役使的女子。②端(duān)：端正，端庄。③慈(cí)：仁慈。④势(shì)：权势。⑤然(rán)：这样。

译文

别人对自己有恩惠，要想着回报；和别人结了仇怨，想办法忘掉。对人的怨恨不要老放在心上，报答别人恩情的心意却要长存不忘。对待家中婢女仆人，注重自己的品行端正很重要，如果能进一步做到仁慈、宽厚，就更完美了。倚仗权势逼迫别人服从，对方虽然表面上不敢反抗，心里却不一定诚服，用道理感化对方，才能让人真正心悦诚服，没有怨言。

字词解码

小朋友们，"长"这个字有两个读音，一个读作"cháng"，一个读作"zhǎng"。你会区分吗？

读"cháng"的时候与"短"相对，读"zhǎng"时多表示某样事物有所增加。试着选一选，加油！

A. cháng　　　　　B. zhǎng

长大（　　）　成长（　　）　长短（　　）

校长（　　）　特长（　　）　长子（　　）

我擅长唱歌、跳舞（　　）

理解阶梯

小朋友，学了这篇课文，意思你理解了吗？
试试看，给下面的句子找到正确的朋友。

1. 势服人，心不然。

2. 恩欲报，怨欲忘。

3. 待婢仆，身贵端。

4. 报怨短，报恩长。

5. 理服人，方无言。

A. 别人对自己有恩惠，要想着回报；和别人结了仇怨，想办法忘掉。

B. 对人的怨恨不要老放在心上，报答别人恩情的心意却要长存不忘。

C. 用道理感化对方，能让人真正心悦诚服。

D. 倚仗权势逼迫他人服从，他人内心不一定诚服。

E. 对待家中婢女仆人，注重自己的端正品行很重要。

熟读成诵

我能把下面的句子读正确,你呢?

待婢仆,身贵端,虽贵端,慈而宽。
势服人,心不然,理服人,方无言。

你读（　　）遍能把课文读得很流利呢?试试吧!

我能把课文读出停顿,还会背诵,你能吗?

博学广闻

一饭之恩

帮助汉高祖打天下的大将韩信,在未得志时,境况很是困苦。那时候,他时常去城下钓鱼,希望碰着好运气,便可以解决生活难题。但是,这终究不是可靠的办法，因此，他时常要饿着肚子。幸而在他时常钓鱼的地方，有很多漂母（清洗丝棉絮或旧衣布的老婆婆）在河边干活。其中有一位漂母，很同情韩信的遭遇，便不断地救济他，给他饭吃。韩信在艰难困苦中，得到那位仅能以双手勉强糊口的漂母的恩惠，很是感激她，便对她说，将来必定要重重地报答她。那漂母听了韩信的话，很是不高兴，表示并不希望韩信将来报答她。后来，韩信为刘邦立了不少功劳，被封为齐王，他想起从前曾受过漂母的恩惠，便命随从送酒菜给她吃，还送给她黄金一千两来答谢她。

〔清〕任颐《把酒持螯》

〔清〕蒋廷锡《故宫鸟谱之红靛颏》

第三单元 亲 仁

有人善良，有人邪恶；有人诚实，有人虚伪；有人热情，有人冷淡；有人助人，有人损人……世界上的人形形色色，各种各样。这个单元，我们将学习与怎样的人亲近，要疏远怎样的人，以及这样做的原因。

第十一课　同是人

"仁"，这是什么字？读完这一课你肯定就知道了。

同是人，类不齐，流俗①众，仁者希②。
果③仁者，人多畏，言不讳④，色不媚⑤。
能亲仁，无限好，德日进，过⑥日少。
不亲仁，无限害⑦，小人进，百事坏。

〔明〕唐寅《秋山高士图卷》（局部）

注 释

①流俗：流于世俗的人。 ②希：同"稀"，稀少。 ③果：果真。 ④讳：避讳，忌讳。 ⑤媚：谄媚，讨好。 ⑥过：过失，过错。 ⑦害：害处，祸害。

译 文

同样是人，却各不一样，流于世俗的人多，仁德高尚的人少。果真是仁德高尚的人，人们都会敬畏他，这样的人说话直言不讳，不讨好别人。能够亲近仁德的人，会得到无限的好处，德行每天都有进步，过失每天都会减少。不亲近仁德的人，有无限的害处，小人就会趁虚而入，导致事情败坏。

字词解码

猜谜语：两个人（谜底藏在课文中）。

我知道了，谜底就是"仁"。

"仁"最早的意思是两个人亲近友爱，又指人与人之间相互亲近。慢慢地"仁"演变成了古代最高的道德标准。

"仁"的含义非常广，包括孝、悌、忠、礼、智、勇、恭、信、敏、惠等。

理解阶梯

课文中藏着反义词，找出来，连一连。

同是人，类不齐　　流俗众，仁者希。
能亲仁，无限好　　德日进，过日少。
果仁者，人多畏　　小人进，百事坏。

在"仁"的行为后的括号里打上"√"。

◎ 给别人取他不喜欢的外号。　　　　　（　）

◎ 把掉在地上的笔捡起来还给他人。　（　）

◎ 主动把自己的水彩笔借给同学。　　（　）

◎ 进出校门有礼貌地与老师打招呼。　（　）

◎ 自己想办法系上鞋带。　　　　　　（　）

熟读成诵

成长足迹：我能走完四步，你能走到哪一步？

正确	流利	停顿	背诵
（　）	（　）	（　）	（　）

走到哪一步，就在上面的括号里加上自己喜欢的记号吧。

博学广闻

齐桓公之死

春秋时期,齐桓公为五霸之首,但在晚年,他却宠信易牙、竖刁和开方三个小人。

丞相管仲临死前,齐桓公问他:"你这就要走了,再给我进谏一次吧!"

管仲回答:"国君,易牙、竖刁和开方三个都是小人,为了获得您的宠信,易牙亲手杀死自己的儿子,做成菜给您吃;开方和亲人断绝了关系;竖刁自愿当了阉人。这三个人对待自己和亲人都这样无情,一定不值得信任。"

可是管仲死后,齐桓公把这些话抛在了脑后,并没有听取他的意见。这三个小人仗着齐桓公的宠信,为非作歹,朝政一片混乱。

几年后,齐桓公病重,这三个人对他不理不睬,最后,威震天下的齐桓公竟然饿死了。

威震天下的齐桓公竟然饿死了,因为_____

第四单元　余力学文

我们每一个人身上都有许多好品质：孝敬老人，诚实守信，广施爱心……我们应该尽量让自己身上的好品质越来越多。那么在其他的时间我们可以做些什么呢？相信通过这个单元的学习你会找到答案。

第十二课　不力行

学习了书本知识而不去动手做，会怎样呢？相反的，动手做但不学习书本知识，又会怎样呢？

不力行，但①学文，长②浮华，成何③人！

但力行，不学文，任己见，昧④理真。

〔明〕陈洪绶《松亭读书图》（局部）

注 释

①但：仅仅。②长：滋长。③何：什么样的。④昧：糊涂，难以分辨。

译 文

如果不努力去做，而只是一味死读书本上的知识，就容易滋长浮华的习性，这样能有什么出息呢！但如果只是一味去做，不肯读书学习，一味固执己见，就会对事理的真谛难以分辨。

字词解码

我发现这篇课文中有两个"但"字，这两个"但"的意思都是"仅仅"。

"但"在古代有"仅仅、只是"的意思。在现代，"但"还有"但是"的意思，比如：你们虽然很聪明，但不能骄傲。

理解阶梯

关于如何学习,《论语》中有许多言论。下面这几句话都与学习有关。大声读一读吧!

◎ 学而不思则罔,思而不学则殆。

◎ 敏而好学,不耻下问。

◎ 知之为知之,不知为不知。

◎ 温故而知新,可以为师矣。

熟读成诵

"五要"读书法,是蒲松龄主张的读书方法。一要天天读,二要夜夜读,三要老年读,四要抄书读,五要分类读。蒲松龄的诗句"平生喜摊书,垂老如昔狂"就是他活到老、读书到老的真实写照。

正确 → 流利 → 停顿 → 背诵

(　) 　(　) 　(　) 　(　)

小朋友，这课会读了吗？走到哪一步，就在上面的括号里加上自己喜欢的记号吧。

博学广闻

纸上谈兵

赵括是战国时期赵国大将赵奢的儿子，从小熟读兵法，讲起战术来头头是道，但赵奢却不以为然。

这一年秦国攻打赵国，赵国老将廉颇去抵挡。廉颇很有经验，他采取了坚守不出、保存实力的策略，有效阻止了秦国的进攻。秦国见廉颇难对付，就采用反间计，派人散布流言，挑拨赵王和廉颇的关系，还说："如果这次派来的不是廉颇而是赵括，那秦军早就失败了。"

于是赵王就派只会空谈兵法的赵括代替了廉颇。

赵括之前从未带兵打仗,且轻视敌人。于是轻率地改变了廉颇的战略,在秦军的引诱下出兵迎战,结果全军覆没,赵括自己也被乱箭射死。

〔清〕任颐《关河一望萧索》

我们可不能和赵括一样自高自大噢!

第十三课 读书法

古人读书有哪些方法值得我们学习呢?认真读完这一课,你肯定会有所收获!

读书法,有三到,心眼口,信①皆要②。
方读此,勿慕③彼,此未终,彼勿起。
宽④为限,紧用功,工夫到,滞塞⑤通。
心有疑,随札记,就⑥人问,求确义。

〔明〕沈周《水墨山水卷》(局部)

注　释

①信：确实。　②要：必要。　③慕：贪慕。　④宽：宽裕。
⑤滞塞：学习中不懂的地方。　⑥就：前去。

译　文

读书的方法要注意"三到"：心到、眼到、口到，这三者都很必要。正在读这本书的时候，不要又想读那本书。把学习的期限安排得宽裕一些，但要抓紧时间刻苦读书，只要工夫到了，不懂的地方自然就懂了。心中如有疑问，要随手记到笔记里，去向别人虚心求教，求得它确切的含义。

字词解码

正正，你知道"聰"是什么字吗？

这难不倒我！这个字是"聪"。课文里说了读书要三到，"心""眼""口"都到，才能算得上聪明噢！

下面的字在文中读什么音？和我一起选一选吧！

塞（sāi　sè）　　　信（xìn　xìng）

慕（mù　lù）　　　滞（dài　zhì）

札（zhá　lǐ）　　　彼（pí　bǐ）

小朋友，要注意区分多音字噢！

理解阶梯

下面每句话的意思都知道了吗？连一连吧！

1. 读书法，有三到。
2. 工夫到，滞塞通。
3. 心有疑，随札记。
4. 就人问，求确义。

A. 去向别人虚心请教，求得真义。
B. 心里有疑问，随手做好笔记。
C. 读书方法有三个（心到、眼到、口到）。
D. 只要下工夫，不懂的自然就弄懂了。

75

熟读成诵

著名的大文豪欧阳修，有一套"计字日诵"的读书方法，他先统计应读的总字数，再分配每天的页数，作为当日读书的进度，长期坚持。

正确 → 流利 → 停顿 → 背诵

（　） （　） （　） （　）

小朋友，这课你会读了吗？走到哪一步，就在上面的括号里加上自己喜欢的记号吧。

博学广闻

王瞻读书

王瞻是南北朝时期的著名学者，自幼喜欢读书。他干什么都很认真，读书的时候专心致志，即使有再大的干扰，也不分心。有一天，王瞻和同学们正在学堂里读书，忽然外面传来一阵锣鼓声，十分热闹。原来附近一家人正在举行婚礼，许多同学都坐不住了，纷纷去看热闹，不一会儿，同学们都跑光了，只有王瞻坐在自己的位子上，一动不动，继续阅读文章。老师见王瞻这个六七岁的幼童竟有这样强的自制力，暗自赞扬。后来王瞻终于成为一位著名的学者。

〔现代〕齐白石《补裂图》（局部）

第十四课　房室清

房间清洁，书桌干净，书本整齐……反映了读书的良好习惯和端正的态度！相信读了这一课，你一定会明白怎么做！

房室清①，墙壁净，几案②洁，笔砚正③。
墨磨偏④，心不端，字不敬⑤，心先病。
列⑥典籍，有定处，读看毕，还原处。
虽有急，卷束⑦齐，有缺损，就补之。

〔唐〕阎立本《十八学士图》（局部）

注 释

①清：清洁。 ②几案：书桌。 ③正：端正。 ④偏：歪。
⑤敬：恭敬。 ⑥列：陈列。 ⑦束：捆束。

译 文

房屋要保持清洁，墙壁要保持干净，书桌要保持整洁，笔墨纸砚要摆放端正。如果把墨磨偏了，说明内心不端正，写字时不恭恭敬敬，原因是心气浮躁。陈列典籍，有固定的地方，一本书读完了要放回原处。即使有紧急情况，也要把书籍卷起捆束整齐，如果发现书本有缺损，就应及时修补好。

第四单元 余力学文

字词解码

小朋友快帮它们连连线吧！

墨　壁　砚　磨　籍　敬　典

diǎn　jìng　mò　bì　yàn　jí　mó

课文中"卷"读 juàn，还有一个音读作 juǎn，你会区分吗？

juàn：试卷　画卷　卷面

juǎn：卷尺　卷入　卷帘

快回家读给爸爸妈妈听一听吧！

理解阶梯

小朋友，你知道"文房四宝"是哪四样吗？

"文房四宝"是指"笔""墨""纸""砚"。小朋友来连一连吧。

zhǐ　　　　yàn　　　　bǐ　　　　mò
纸　　　　砚　　　　笔　　　　墨

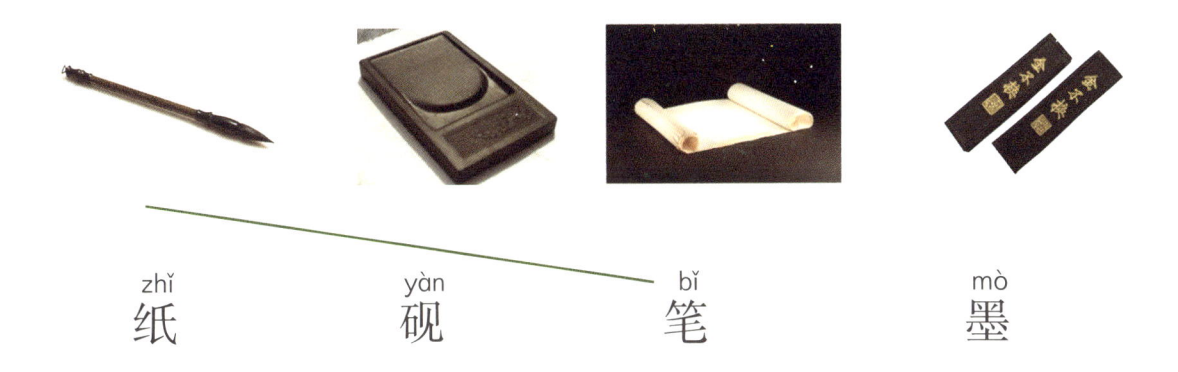

熟读成诵

　　　　　　běi sòng de zhù míng wén xué jiā sū shì yǒu yí tào zì jǐ de dú shū fǎ
　　　　　　北宋的著名文学家苏轼有一套自己的读书法，
tā tí chàng yí yì qiú zhī　　měi dú yí biàn shū zhǐ wéi rào yí gè zhōng xīn
他提倡"一意求之"，每读一遍书只围绕一个中心，
cè zhòng yí xiàng nèi róng　zhuā zhù yì tiáo xiàn suǒ　jiě jué yí gè wèn tí
侧重一项内容，抓住一条线索，解决一个问题。

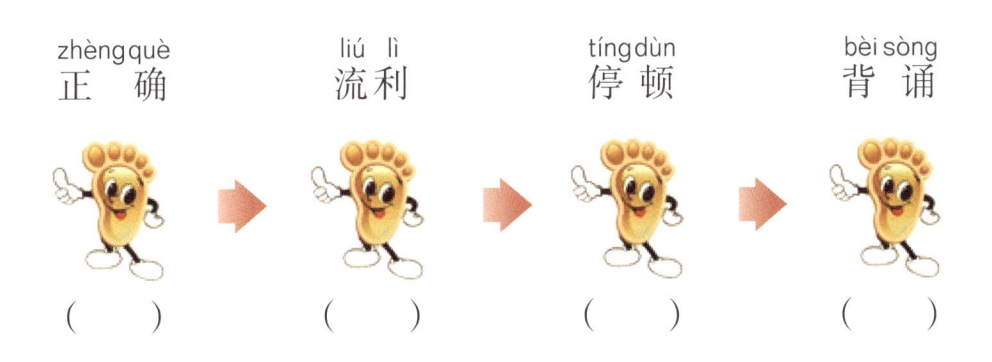

zhèng què　　　　liú lì　　　　tíng dùn　　　　bèi sòng
正 确　　　　流 利　　　　停 顿　　　　背 诵

（　）　　　（　）　　　（　）　　　（　）

　　　　xiǎo péng yǒu　　zhè kè huì dú le ma　　zǒu
　　　　小朋友，这课会读了吗？走
dào nǎ yí bù　　jiù zài shàng miàn de kuò hào lǐ
到哪一步，就在上面的括号里
jiā shàng zì jǐ xǐ huan de jì hao ba
加上自己喜欢的记号吧。

第四单元　余力学文

81

博学广闻

一屋不扫，何以扫天下

东汉有一个名士叫陈蕃，他年少的时候独自住在一间房子里，可是自己很不讲究，把住的地方搞得脏乱不堪。有一天，他父亲的朋友薛勤来看他，见到屋里一幅乱糟糟的景象，薛勤问他为何不打扫干净来迎接客人。陈蕃回答说："大丈夫处世，当扫除天下，安事一屋？"薛勤当即反问他："一屋不扫，何以扫天下？"

[现代] 余绍宋《墨竹》

第十五课　非圣书

世界上有那么多书，一个人应该读什么书呢？

非圣书①，屏②勿视，蔽③聪明，坏心志。
勿自暴④，勿自弃，圣与贤，可驯⑤致⑥。

〔宋〕刘松年《秋窗读书图》（局部）

注释

① 圣书：圣贤的书，指有益的书。② 屏：通"摒"，指摒弃。③ 蔽：蒙蔽。④ 暴：损害，糟蹋。⑤ 驯：循序渐进。⑥ 致：达到。

译文

不是有益的书，就应当摒弃不看，这些书容易蒙蔽人的智慧，败坏人的思想。不要自暴自弃，圣人和贤人的境界，通过循序渐进，是可以达到的。

字词解码

猜猜看，这是什么字？

甲骨文	金文	篆书	隶书

一看就知道，这个字就是_____。

金文的"非"像背对着展开的翅膀。双翅相背,表示违背,所以"非"表示否定,有"不是,不对"的意思。

我明白了,"非圣书"的"非"的意思是"不是","是非"的"非"的意思是"不对"。

理解阶梯

什么是圣贤书?

在古代圣贤书指的是孔子、孟子及其传人编纂的书,通常指四书——《论语》《孟子》《大学》《中庸》,五经——《诗》《书》《礼》《易》《春秋》。

请你推荐两本有益的书:
《　　　》《　　　　》。

熟读成诵

成长足迹：我能走完四步，你能走到哪一步？

正确 → 流利 → 停顿 → 背诵

(　)　(　)　(　)　(　)

这课会读了吗？走到哪一步，就在上面的括号里加上自己喜欢的记号吧。

博学广闻

康熙教子

康熙皇帝在对后代子孙的庭训里规定：不要给未满二十岁的子孙读小说。读小说容易染习权谋智巧，尤其是孩子涉世未深，不懂得明辨是非，读小说不利于树立正确的人生观。同时康熙皇帝也自我勉励，他说："朕贵为天子，有很多话听不到，我每天一定要做的事情，就是读古书。"他用圣贤的经典来检查自己每天的所作所为，同时他每天请儒学专家在皇宫里宣讲四书。康熙皇帝在位六十一年，开启了"康乾盛世"，这与他极力提倡和推崇圣贤经典密不可分。

〔清〕王翚《康熙南巡图》（局部）

康熙皇帝提倡读圣贤经典，他是怎么说的？怎么做的？

〔清〕蒋廷锡《故宫鸟谱之黄鹂鸟》

后　记

　　2014年4月1日，教育部印发了《完善中华优秀传统文化教育指导纲要》，明确阐述了开展中华优秀传统文化教育的重要性，同时也明确规定小学低年级以启蒙教育为主，主要内容是：识认汉字，初步感受汉字的形体美；诵读古诗，感受汉语的语言美；了解传统礼仪，学会待人接物的基本礼节；身体力行，弘扬优良的传统行为规范，等等。小学高年级则以认知教育为主，了解中华优秀传统文化的丰富多彩。主要内容有：理解汉字的文化含义，体会汉字优美的结构艺术；诵读古代诗文经典篇目，体会其意境和情感；知道重要传统节日的文化内涵和家乡生活习俗变迁；热爱祖国河山、悠久历史和宝贵文化，等等。

　　中华传统文化博大精深，如何用小学生乐于接受的方式有效地对小学生进行传统文化教育是历史赋予我们的时代使命。为此，我们力图从浩繁的中华传统文化中撷取部分内容，运用教科书的编制方式向小学生传递精彩纷呈的祖国传统文化。

　　本套丛书共12册，采用与小学同步的方式呈现。内容涵盖《三字经》《千字文》《弟子规》、"四书""五经"、诸子百家、蒙学经典和诗赋美文，等等。由于版本繁多，为了保证选文的权威性，本丛书以中华书局出版的文本为主，少数篇目选用商务印书馆、书目文献出版社（今国家图书馆出版社）、上海古籍出版社等出版的文本。具体如下：

　　《三字经》《千字文》《弟子规》选自"中华诵·经典诵读行动"读书编委会编：《三字经·百家姓·千字文·弟子规诵读本》，中华书局，2013年版；

　　《周易》《诗经》《礼记》《孝经》《论语》《孟子》《大学》《中庸》选自阮元校刻：《十三经注疏》，中华书局，1980年版；

　　《老子》选自陈鼓应译注：《老子今注今译》，商务印书馆，2003年版；

　　《庄子》选自方勇译注：《庄子》，中华书局，2010年版；

　　《韩非子》选自高小慧，陈才编著：《韩非子》，中华书局，2011年版；

　　《淮南子》选自陈广忠译注：《淮南子》，中华书局，2012年版；

　　《列子》选自叶蓓卿译注：《列子》，中华书局，2011年版；

　　《幼学琼林》选自刘志伟，孔留根译注：《幼学琼林诵读本》，中华书局，2013年版；

　　《孙子兵法》选自付朝著：《孙子兵法结构研究》，解放军出版社，2010年版；

　　《春秋左传》选自洪亮吉撰：《春秋左传诂》，中华书局，1987年版；

　　《笠翁对韵》选自艾荫范，解保勤注：《笠翁对韵新注》，书目文献出版社，1985年版；

　　另外一些篇目选自罗志霖译注《诸葛亮文集译注》（巴蜀书社，2011），喻岳衡点校《龙文鞭影》（岳麓书社，1986），张觉《荀子译注》（上海古籍出版社，1995），孙昌武选注《韩愈选集》（上海古籍出版社，2013），等等。

　　在内容安排上，根据小学生的身心发展特点，遵循小学教育阶段的教育教学规律，采取循序渐进的方式进行排列。小学低年级，习惯的养成至关重要，因而一年级安排《弟子规》，让小学生学习为人处世的基本规范，为终身的良好发展奠定基础。二年级安排韵文，包括《三字经》《千字文》《笠翁对韵》《幼学琼林》《诗经》等，使小学生体会祖国语言文字的韵律美。三四年级安排"四书""五经"，让小学生感受祖国传统文化的博大精深，产生对祖国的热爱之情。五年级学习诸子百家的作品，了解古代先贤圣哲的智慧与哲理。六年级安排《孙子兵法》和美文欣赏，让小学生领略我国军事计策与战争思维，欣赏我国传统文化的深邃与精美。同时，在每册根据选文的内容介绍古汉语知识（如汉字知识、古今异义、词类活用、一词多义、文言虚词、语法句式等）、古代尊称谦称、风俗民情、诗词曲赋、传统节日、名人故事、成语故事等，尽可能地让小学生对祖国的传统文化有一个初步的较为全面的了解。

在具体编排上，采用单元编排方式。每册书根据内容分成若干单元，每个单元由若干课文组成。每个单元都有一个单元导读，讲明本单元的内容与学习要求。每一篇课文的正文部分由"课前导语""原文""注释""译文"四个部分组成。练习部分由"字词解码""理解阶梯""熟读成诵"（高年级为"细读慢品"）"博学广闻"四大部分组成。"字词解码"，重点解释汉字的起源、结构以及造字的知识，增强小学生对字词的理解，了解汉字的神奇和伟大。"理解阶梯"，侧重对课文中句子、内容、中心思想的理解，感知祖国传统文化的广博与精深。"熟读成诵"（"细读慢品"），介绍诵读方法，在背诵过程中体会国学的美感与韵味。"博学广闻"，则是结合课文内容介绍相应的国学知识、传统习俗、故事经典等，让小学生增广见闻，开阔视野。

在版式设计上，本丛书力求使图形、文字、色彩等视觉要素符合小学生的心理特点，因而设计了孔老师、蒙蒙、正正三个人物与小朋友们一起学习，文中运用大量的对话、图形提示、插入语、活动操作以及多变的练习方式等现代教科书编制方式对练习进行编排，以降低学习难度，减轻课业负担，提高学习兴趣。

此外，本套丛书提倡亲子阅读和亲子活动，让父母与孩子一起学习，不仅能够促进孩子的学习，而且能够拓宽父母与孩子之间的交流渠道，更重要的是能够提高家长的国学修养，改善中华民族的整体素质。

本丛书是团体合作的产物，先由丛书主编傅建明与各分册主编商定各册内容与呈现方式，而后分工合作而成，最后由傅建明统一审定。相信其中会有许多值得肯定之处，也会有不少的疏忽和缺陷。其中的成功之处归功于各位编写者的努力，不足之处归咎于丛书主编的学识修养。对于书中的欠缺之处，还请有识之士不吝赐教，以便使丛书更臻完善。

感谢所有编写人员的辛苦工作，特别是每位主编的工作态度让我深深感动，他们不厌其烦地一稿一稿地修改，保证了该丛书的质量；感谢北京大学出版社姚成龙主任的支持与督促，感谢李玥编辑的细心工作，对他们的敬业精神与细致的工作致以发自内心的敬意；感谢我的研究生苏洁、江申、余海燕、罗艺、李文娴、蔡安琪、孙增荣、张琰慧、倪素娟、陈玮玮认真地校对了全部书稿。

感谢所有理解与支持我的师长、朋友们，愿所有的好人一生平安幸福！

傅建明